westermann

AF649864

Fit in der Grundschule

# 10-Minuten-Trainer

## Textaufgaben/ Sachaufgaben

Klasse 3

Fit in der Grundschule
**10-Minuten-Trainer**

Textaufgaben/Sachaufgaben

Die Autorin:
**Amanda Fischer** ist Grundschullehrerin. Außerdem arbeitet sie als Autorin für Lernhilfen und Unterrichtsmaterial und hat einige Artikel in Fachzeitschriften veröffentlicht.



Druck A[1] / Jahr 2023
Alle Drucke der Serie A sind im Unterricht parallel verwendbar.

Redaktion: Ulrike Klein, Berlin
Kontakt: lernhilfen@westermanngruppe.de
Illustrationen: Hans-Jürgen Feldhaus, Münster; Thies Schwarz, Hannover
Umschlaggestaltung und Layout: Janssen Kahlert Design & Kommunikation GmbH, Hannover
Umschlagfoto: iStockphoto.com, Calgary: Imgorthand
Druck und Bindung: Westermann Druck GmbH, Georg-Westermann-Allee 66, 38104 Braunschweig

ISBN 978-3-07-**003006**-1

## Vorwort

Liebe Schülerin, lieber Schüler,

du bist in der dritten Klasse und willst im Fach Mathematik richtig fit werden? Dann ist der **10-Minuten-Trainer** genau das Richtige für dich! Mit diesem Arbeitsheft kannst du alle wichtigen Inhalte des Lernbereichs **Textaufgaben/Sachaufgaben** wiederholen und üben.

Zu jedem Thema gibt es eine **Doppelseite**, die du in 10 Minuten bearbeiten kannst. So wird der Stoff in übersichtliche Einheiten gegliedert, die dir das Lernen erleichtern.

Anschaulich erklärte **Regeln** und **Tipps** helfen dir bei der Bearbeitung der Aufgaben.

Natürlich gibt es in diesem Heft auch einen **Lösungsteil**, mit dessen Hilfe du überprüfen kannst, ob du die Übungsaufgaben richtig bearbeitet hast. Du findest ihn ab Seite 56.
Übrigens: Für jede gelöste Doppelseite darfst du dich mit einem **Erfolgssticker** belohnen. Klebe ihn einfach in das dafür vorgesehene Feld.

Und damit deine Eltern dich auf deinem Weg durch die dritte Klasse noch besser unterstützen können, haben wir im Internet unter **www.westermann.de/fit-in-der-grundschule** hilfreiche Tipps und praktische Checklisten für sie zusammengestellt.

Viel Erfolg beim Üben mit dem **10-Minuten-Trainer**!

*Dein Lernhilfen-Team*

# Inhaltsverzeichnis

## Tabellen



## Diagramme



## Kombinatorik und Wahrscheinlichkeit



## Gemischte Sachsituationen

# Rechnen mit Gewichten

Du kannst Gewichte in verschiedenen Maßeinheiten messen.

Im Alltag verwendet man vor allem **Gramm (g)** und **Kilogramm (kg)**.
Ein Kilogramm entspricht tausend Gramm.

1000 g = 1 kg    100 g = 0,1 kg

Zum Rechnen ist es oft sinnvoll, alle Angaben in die gleiche Einheit umzuwandeln.

Beispiel: 300 g + 0,2 kg = 300 g + 200 g = 500 g

**1** **Der kleine Roboter macht sich für eine große Reise bereit und packt seinen Koffer. In den Koffer dürfen nur 20 kg Gepäck hinein. Er muss dringend wissen, wie viel alles wiegt. Nur so weiß er, was er mitnehmen kann. Verbinde das Gepäck mit dem passenden Gewicht.**

Ich gehe auf Weltreise! Begleitest du mich dabei?

500 g

20 g

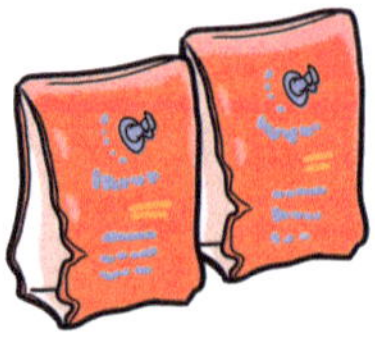

1 kg

2 kg

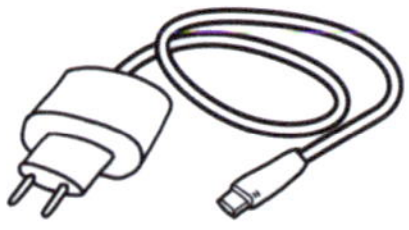

50 g

200 g

**2** **Was ist leichter? Kreuze an, was der kleine Roboter einpacken sollte, wenn er Gewicht sparen möchte.**

☐ ☐

☐ ☐

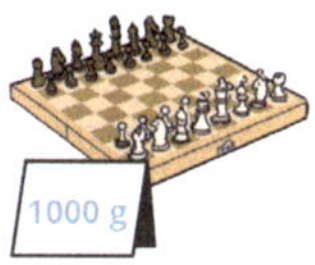

☐ ☐

**3** **Kann der Roboter alles mitnehmen? Wandle in eine sinnvolle Einheit um und rechne alles zusammen.**

12 kg Kleidung, 600 g Waschzeug, 4 kg Spielzeug, 300 g Reiseunterlagen.

+

+

+

**TIPP** Denke daran:
In den Koffer dürfen nur 20 kg!

**Kann er alles mitnehmen?** ☐ Ja ☐ Nein

Hier kannst du deinen Erfolgssticker platzieren.

# Rechnen mit Geld

Geldbeträge werden in **Euro (€)** und **Cent (ct)** angegeben.

1 € = 100 ct

Oft gibt man den Betrag nur in Euro an. Dann trennst du beide Zahlen mit einem Komma und ergänzt am Ende das Zeichen für „Euro".

1 € 50 ct = 1,50 €

Beim Rechnen ist es sinnvoll, alle Beträge in die gleiche Einheit umzuwandeln. Wenn du mit Komma rechnest, notierst du die Beträge am besten übereinander. Achte dabei darauf, dass alle Kommas genau übereinanderstehen.

Beispiel:

$$\begin{array}{r} 3{,}50\ € \\ +\ \ 7{,}25\ € \\ \hline 10{,}75\ € \end{array}$$

**1** **Auf seiner Reise braucht der kleine Roboter Geld. Vervollständige die Tabelle, indem du die Beträge umwandelst.**

| € ct | ct | € |
|---|---|---|
| 2 € 30 ct | 230 ct | 2,30 € |
| 4 € 50 ct | | |
| 8 € 70 ct | | |
| 97 € 90 ct | | |
| 41 € 20 ct | | |

**2** **Für die Fahrt zum Flughafen möchte sich der kleine Roboter etwas zu essen kaufen. Er will dabei Geld sparen. Kannst du ihm helfen? Sortiere die Beträge nach der Größe. Beginne mit dem kleinsten Betrag.**

3 € 20 ct  360 ct  410 ct  4,00 €  3,10 €  4 € 5 ct

3,10 € <

**3** **So eine Reise um die Welt ist nicht billig. Kannst du ausrechnen, was der kleine Roboter für den ersten Teil seiner Reise bezahlen muss?**

Essen auf der Reise: 20,10 € + 40 € 20 ct + 45,30 €

Hotelkosten: 420 € + 317,80 € + 121 €

Kosten fürs Fliegen: 560,60€ + 105 € 10 ct + 43 €

**TIPP** Wenn es keine Cent gibt, schreibt man nach dem Komma „00“ (z. B. 3,00 €)

Hier kannst du deinen Erfolgssticker platzieren.

# Rechnen mit Längen

Du kannst Längen in verschiedenen Maßeinheiten angeben:

**Millimeter (mm), Zentimeter (cm), Dezimeter (dm), Meter (m)** und **Kilometer**. Es gilt:

1 km = 1000 m; 1m = 10 dm: 1 dm = 10 cm; 1 cm = 10 mm
1 mm = 0,1cm; 1 cm = 0,1 dm; 1 dm = 0,1 m; 1 m = 0,001 km

Beim Rechnen ist es wieder wichtig, dass du alle Beträge in die gleiche Einheit setzt.

Beispiel:
20 cm + 3 m + 5 dm = 20 cm + 300 cm + 50 cm = 370 cm

**1** **Achte auf die Maßeinheit! Male alle Längenangaben in derselben Maßeinheit mit der gleichen Farbe an.**

400 cm

4 cm

50 mm

30 cm

5 m

36 mm

300 m

2 dm

80 km

67 m

7 km

40 dm

**2** **Welche Strecke ist länger? Setze das passende Zeichen (<,>,=) ein.**

| | | |
|---|---|---|
| 300 cm | ☐ | 40 m |
| 35 km | ☐ | 35 m |
| 300 mm | ☐ | 20 dm |

**TIPP** Die Öffnung zeigt immer zur größeren Zahl!

**3** **Weil dem Roboter am Flughafen langweilig ist, misst er verschiedene Abstände. Wandle in eine sinnvolle Maßeinheit um und rechne.**

200 m + 30 dm + 50 cm

450 mm + 30 cm + 6 dm

2 km + 300 m + 7 km

0,7 km + 200 m + 300 dm

Hier kannst du deinen Erfolgssticker platzieren.

# Rechnen mit Hohlmaßen

Auch für Flüssigkeiten gibt es eigene Maßeinheiten. Für dich besonders wichtig sind die Maßeinheiten **Liter (l)** und **Milliliter (ml)**. Es gilt:

1 l = 1000 ml
1 ml = 0,01 l

Oft sprechen wir von einem „halben“ Liter. Hier siehst du, was das bedeutet:

Ein halber Liter sind 0,5 l = 500 ml
Ein viertel Liter sind 0,25 l = 250 ml

## 1 Wandle in Milliliter um.

| | |
|---|---|
| 3 l = .................................. | 0,35 l = .................................. |
| 4,2 l = .................................. | 0,05 l = .................................. |
| 3,5 l = .................................. | 3 l 60 ml = .................................. |

## 2 Wandle in Liter um. Achte auf das Komma.

| | |
|---|---|
| 400 ml = .................................. | 3 l 60 ml = .................................. |
| 370 ml = .................................. | 5 l 900 ml= .................................. |
| 678 ml = .................................. | 340 ml = .................................. |

**3** **Am Flughafen gibt es strenge Regeln, was man mit ins Handgepäck nehmen darf. Der kleine Roboter darf nur Flaschen mitnehmen, in denen höchstens 100 ml sind. Kreise alle Flüssigkeiten ein, die er mitnehmen darf.**

**TIPP** Wandle in die gleiche Einheit um!

**4** **Der kleine Roboter trinkt auf seinem Flug sehr viel. Der Flugbegleiter bringt ihm das Getränk in einem Becher mit 200 ml Inhalt. Wie oft muss der Flugbegleiter kommen, damit der kleine Roboter 1 Liter getrunken hat?**

Antwort: Der Flugbegleiter muss ................ Mal kommen.

Hier kannst du deinen Erfolgssticker platzieren.

# Rechnen mit der Zeit

Auch die Zeit lässt sich in verschiedenen Einheiten messen.
Es gibt **Sekunden (s)**, **Minuten (min)** und **Stunden (h)**. Es gilt:

1 h = 60 min          1 min = 60 s

Bei der Zeit ist es besonders wichtig, dass du zum Rechnen in die gleiche Maßeinheit umwandelst.

Beispiel: 30 s + 4 min = 30 s + 240 s = 270 s

**1** **Wie lange dauert es? Verbinde sinnvoll.**

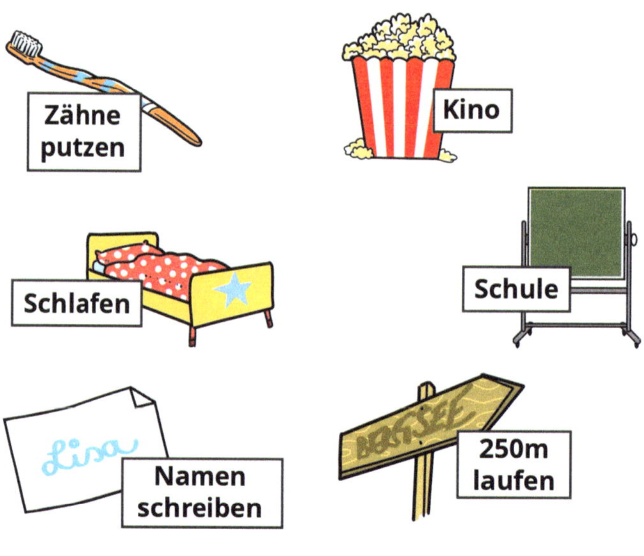


3 min

10 h

10 s

100 min

5 h

5 min

**2** **Wandle um.**

240 s = ................................ min  3 h = ................................ min

10 min = ................................ s  5 min = ................................ s

**3** **Der kleine Roboter ist unterwegs zu seinem ersten Ziel. Er fliegt in die USA. Die Strecke ist sehr lang. Deshalb fliegt er in mehreren Teilstrecken. Rechne aus, wie lange er insgesamt geflogen ist.**

40 min + 1 h 20 min + 100 min + 5 h 15 min =

**4** **Als der kleine Roboter das erste Mal auf dem Flug Hunger bekommt und etwas isst, ist es 12:30 Uhr. Beim zweiten Mal ist es 15:30 Uhr. Wie lange hat der kleine Roboter keinen Hunger?**

TIPP 12:30 steht für 12 Uhr und 30 Minuten.

Hier kannst du deinen Erfolgssticker platzieren.

# Einfache Zahlenrätsel

Bei Zahlenrätseln musst du ganz genau auf die Wörter im Text achten. Sie sagen dir, welche Rechenart du zum Lösen der Aufgabe benötigst. Achte auf diese Hinweiswörter:

**Addieren (+):** dazunehmen, um ... größer, hinzu, vergrößern, insgesamt
**Subtrahieren (–):** wegnehmen, um ... kleiner, abziehen, verkleinern
**Multiplizieren (·):** mal, doppelt (· 2), -fach
**Dividieren (:):** teilen, halbieren (: 2)

Beispiel: „Meine Zahl ist um 70 größer als 20" bedeutet, die Zahl ist 20 + 70, also 90.

**1** **Welche Rechenart benötigst du, um die Zahlenrätsel zu lösen? Male passend an.**

addieren | subtrahieren | multiplizieren | dividieren

Meine Zahl ist um 8 größer als 32.

Wenn du von 45 6 abziehst, erhältst du meine Zahl.

Meine Zahl ist halb so groß wie 80.

Meine Zahl ist viermal so groß wie 20.

Teile 90 durch 3 und du erhältst meine Zahl.

Du erhältst meine Zahl, wenn du zu 380 genau 20 dazu nimmst.

**2** **Die erste Station des kleinen Roboters in Amerika ist Los Angeles. Hier besucht er die Filmstudios in Hollywood, schaut Filme und trifft Schauspielerinnen und Schauspieler. Wie viele sind es genau? Löse dazu die Zahlenrätsel.**

Meine Zahl ist um 56 kleiner als 128.

*So viele Koffer liegen auf dem Fließband, als der Roboter ankommt.*

Wenn du zu 71 die Zahl 15 hinzunimmst, erhältst du meine Zahl.

*So viele Passagiere sind im Flugzeug.*

Meine Zahl ist das Doppelte von 8.

*So viele Schauspieler und Schauspielerinnen trifft der Roboter in Hollywood.*

Wenn du die Zahl 21 durch 7 teilst, erhältst du meine Zahl.

*So viele Filmstudios besucht der Roboter.*

Meine Zahl ist um 11 größer als 4.

*So viele Filme schaut sich der Roboter während der Zeit in Los Angeles an.*

Du erhältst meine Zahl, wenn du von 97 die Zahl 72 abziehst.

*So viele Partnerstädte hat Los Angeles.*

Hier kannst du deinen Erfolgssticker platzieren.

# Schwierige Zahlenrätsel

Manche Zahlenrätsel starten bei der gesuchten Zahl.
Dann kann dir die **Umkehraufgabe** helfen.

Beispiel: „Wenn du von meiner Zahl 32 abziehst, erhältst du die Zahl 40."

$$? - 32 = 40$$

Umkehraufgabe: $40 + 32 = \mathbf{72}$

## 1 Bilde die Umkehraufgabe.

| | |
|---|---|
| ........... + 20 = 56 | Umkehraufgabe: ................................................. |
| ........... − 18 = 73 | Umkehraufgabe: ................................................. |
| ........... : 2 = 7 | Umkehraufgabe: ................................................. |
| ........... · 5 = 45 | Umkehraufgabe: ................................................. |

## 2 Löse im Kopf.

| | |
|---|---|
| ........... + 36 = 56 | ........... + 15 = 21 |
| ........... − 6 = 45 | ........... − 25 = 50 |
| ........... · 6 = 24 | ........... · 8 = 48 |
| ........... : 3 = 7 | ........... : 9 = 9 |

**TIPP**

Bei der Umkehraufgabe verwandelt sich das Zeichen:

+ wird −
− wird +
· wird :
: wird ·

**3 Die nächste Station des Roboters ist New York.
Viele Hochhäuser, Autos und Menschen... Löse die Zahlenrätsel.
Bilde zur Hilfe die Umkehraufgabe.**

An wie vielen Hochhäusern kommt der Roboter auf der Fahrt vom Flughafen vorbei?
Wenn du von dieser Zahl 8 abziehst, erhältst du 67.

Umkehraufgabe: ..............................................

Die Zahl heißt ................

Mit welcher Zahl endet die Telefonvorwahl von New York?
Wenn du diese Zahl mit 7 multiplizierst, erhältst du 42.

Umkehraufgabe: ..............................................

Die Zahl heißt ................

Wie viele Stockwerke hat das Hochhaus der Zeitung New York Times?
Wenn du diese Zahl um 53 vergrößerst, erhältst du 105.

Umkehraufgabe: ..............................................

Die Zahl heißt ................

Wie viele Autos sieht der Roboter aus seinem Hotel?
Wenn du diese Zahl durch 5 teilst, erhältst du die Zahl 8.

Umkehraufgabe: ..............................................

Die Zahl heißt ................

Hier kannst du deinen Erfolgssticker platzieren.

# Informationen entnehmen

Um eine Sachaufgabe lösen zu können, musst du erst einmal alle **wichtigen Informationen** im Text finden. Achte dabei besonders auf **Zahlen** und **Zahlwörter**. Schreibe dir diese auf und notiere auch, was genau sie bedeuten. So kannst du später leichter rechnen.

Beispiel: Der kleine Roboter hat 14 Kleidungsstücke eingepackt. Sechs davon sind Hosen.

**Gegeben:** *14 Kleidungsstücke*
*6 Hosen*

**1 Markiere alle Zahlen und Zahlwörter in der Aufgabe. Schreibe auf, was gegeben ist.**

Der kleine Roboter macht heute einen Ausflug in den New Yorker Zoo. Er schaut sich die Tiere an. Er entdeckt 12 Seelöwen, vier Pandas, sechs Schneeleoparden und 28 Affen.

Gegeben:

## 2 Was passt zusammen? Verbinde.

Auf seinem Spaziergang durch den Central Park entdeckt der kleine Roboter 11 Vögel und sieben Hunde. Auch drei Ratten laufen über den Weg.

Der kleine Roboter hat heute sehr großen Durst. In der Früh hat er schon 300 ml Orangensaft getrunken, beim Spazierengehen waren es nochmal 400 ml Schorle. Und jetzt trinkt der kleine Roboter eine Literflasche Wasser.

Der kleine Roboter macht eine Pause und setzt sich auf eine Bank beim Spielplatz. Er sieht drei Kinder auf der Rutsche und zehn Kinder beim Fußballtor.

Gegeben:

200 ml Orangensaft
400 ml Schorle
1l Wasser

Gegeben:

11 Vögel
7 Hunde
3 Ratten

Gegeben:

7 Schmetterlinge
3 Raupen
12 Käfer

Gegeben:

3 Kinder (Rutsche)
10 Kinder (Fußballtor)

## 3 Ein Kästchen ist übrig. Überlege dir einen passenden Text dazu.

.................................................................................................

.................................................................................................

.................................................................................................

.................................................................................................

.................................................................................................

Hier kannst du deinen Erfolgssticker platzieren.

# Fragen erschließen

Manchmal fehlt bei einer Sachaufgabe die Frage. Du musst die Frage dann selbst herausfinden. Dabei hilft es, wenn du dir die Zahlen und Zahlwörter genau ansiehst und überlegst, welche Fragen du damit beantworten kannst.

Beispiel:
Der kleine Roboter ist heute in Kanada. Auf dem Weg zu seinem Hotel fragt er **sechs Personen** nach dem Weg. **Drei** der **Personen** verstehen kein Englisch.

Du kannst die Frage beantworten, wie viele Personen Englisch sprechen können (6 – 3 = 3). Du kannst aber nicht beantworten, wie das Wetter in Kanada gerade ist.

## 1 Kannst du die Fragen mithilfe des Textes beantworten?

Der kleine Roboter möchte in Kanada unbedingt zu einem Eishockeyspiel gehen. Am Eingang arbeiten vier Sicherheitsleute. Auch in seinem Block stehen zwei Sicherheitsleute. Auf dem Feld wärmen sich 30 Spieler auf. Jedes Team hat zwei Trainer.

| | Kann man beantworten | Kann man nicht beantworten |
|---|---|---|
| Wie viele Sicherheitsleute sieht der kleine Roboter? | ☐ | ☐ |
| Wie geht das Spiel aus? | ☐ | ☐ |
| Wie viele Zuschauer sehen das Spiel? | ☐ | ☐ |
| Wie viele Trainer gibt es insgesamt? | ☐ | ☐ |

**2** **Welche Frage passt zu welchem Text? Male in der gleichen Farbe an.**

Im kanadischen Nationalpark entdeckt der kleine Roboter 22 Bisons, drei Elche und sogar einen Wolf.

Wie viele Kunstwerke sieht sich der kleine Roboter im Museum an?

Auch in ein Museum möchte der kleine Roboter gehen. Er bestaunt dort 34 Bilder und 17 Skulpturen.

Wie viele Tiere sieht der kleine Roboter im kanadischen Nationalpark?

Für sein Hotel zahlt der kleine Roboter 124 kanadische Dollar. Das Essen in Kanada hat insgesamt 58 Dollar gekostet.

Wie viel Geld zahlt der kleine Roboter für sein Hotel und Essen?

**3** **Findest du die passende Frage? Schreibe sie auf.**

a) Der kleine Roboter hat ein bisschen Heimweh. Er kauft für seine sieben Freunde Postkarten. Eine Postkarte kostet 2,50 Dollar.

........................................................................................................

........................................................................................................

b) Bald geht es für den kleinen Roboter nach Brasilien. Dort ist die Uhrzeit anders als in Kanada. Jetzt ist es in Kanada 16 Uhr. In Brasilien ist es drei Stunden später.

........................................................................................................

........................................................................................................

Hier kannst du deinen Erfolgssticker platzieren.

# Rechnungen entwickeln

Wenn du alle Informationen aus dem Text entnommen hast und auch die passende Frage kennst, musst du nun entscheiden, welche Informationen für deine Rechnung wichtig sind.

Achte dabei darauf, welche Rechenart du zur Lösung der Aufgabe verwenden musst (**addieren, subtrahieren, multiplizieren, dividieren**). Dabei können dir auch die Hinweiswörter von Seite x helfen.

Wenn es nötig ist, dann berechne die Lösung auch in mehreren Schritten.

## 1 Welche Rechnung passt zum Bild? Male an.

Ich brauche 5 Stück, um satt zu werden.

2 Real · 5 = 10 Real

5 Real · 2 = 10 Real

2 Real + 5 Real = 7 Real

Wie viel kostet das eine weniger?

34 Real · 2 = 68 Real

34 Real – 28 Real = 6 Real

34 Real + 28 Real = 62 Real

**TIPP** Real ist die brasilianische Währung. Bei diesen Aufgaben kannst du genauso rechnen wie mit Euro.

## 2 Finde die passende Rechnung.

a) Der kleine Roboter ist heute früh aufgestanden, um in den Regenwald zu fahren. Er ist um 8:00 Uhr wach.
Um 11:30 Uhr holt ihn der Bus ab. Wie lange muss der kleine Roboter warten?

b) Im Regenwald sieht der kleine Roboter viele Tiere. Er entdeckt 15 Papageien, 7 Kolibris, 2 Faultiere und sieht sogar einen Jaguar.
Wie viele Tiere sieht der kleine Roboter auf seinem Ausflug?

## 3 Welche Frage passt zur Rechnung? Kreuze an.

500 m + 1 km + 200 m =

- ☐ Wie viel muss er bezahlen?
- ☐ Wie viele Meter ist er gelaufen?
- ☐ Wie heißt die Mama des kleinen Roboters?

## 4 Überlege dir eine passende Frage zu der Rechnung.

56 + 23 + 11 =

..........................................................................................

..........................................................................................

..........................................................................................

Hier kannst du deinen Erfolgssticker platzieren.

# Antwortsätze schreiben

Wenn du die Rechnung gelöst hast, musst du einen Antwortsatz schreiben. Dabei ist es wichtig, dass dein Satz zur Frage passt. Verwandle dafür die Frage in einen **Aussagesatz**. Verwende die Wörter aus dem Fragesatz.

Beispiel:

Wie viel **kostet die Reise**?
**Die Reise kostet** 600 €.

**1 Der Roboter fliegt weiter nach Tansania. Was gehört zusammen? Male Frage und Antwort in derselben Farbe an.**

Wie viel kostet das Mittagessen?

Vor dem kleinen Roboter stehen 15 Personen in der Schlange.

Das Mittagessen kostet 35 Real.

Der Koffer wiegt 25 kg.

Wie viele Personen stehen vor dem kleinen Roboter in der Schlange am Flughafen?

Wie lange dauert der Flug nach Tansania?

Wie viele verschiedene Kuchensorten gibt es in der Cafeteria?

Der Flug nach Tansania dauert 21 h.

In der Cafeteria gibt es acht verschiedene Kuchensorten.

Eine Antwort bleibt übrig. Wie könnte die Frage zu dazu lauten?

............................................................................................................

............................................................................................................

## 2 Welche Antwort passt am besten zur Frage? Kreuze an.

Wie viele Meter ist das Hotel vom Strand entfernt?

- ☐ Es sind 30 Meter.
- ☐ Es ist 30 Meter weit weg.
- ☐ Das Hotel ist 30 Meter vom Strand entfernt.

Wie lange ist der kleine Roboter beim Haitauchen unter Wasser?

- ☐ Es sind 7 Minuten.
- ☐ Der kleine Roboter ist beim Haitauchen 7 Minuten unter Wasser.
- ☐ Der kleine Roboter ist 7 Minuten unter Wasser.

## 3 Schreibe eine passende Antwort.

a) Wie viele Menschen gehen am Hafen spazieren? (26 Menschen)

..................................................................................................

b) Wie lange bleibt der kleine Roboter in Tansania? (5 Tage)

..................................................................................................

c) Wie oft fällt der Strom im Hotel aus? (5 Mal)

..................................................................................................

..................................................................................................

Hier kannst du deinen Erfolgssticker platzieren.

## Sachaufgaben

# Einfache Sachaufgaben lösen

Jetzt weißt du, wie du eine Sachaufgabe Schritt für Schritt lösen kannst. Erinnere dich:

1. **Informationen** entnehmen und notieren
2. Eine passende **Frage** finden
3. Eine oder mehrere **Rechnungen** entwickeln und lösen
4. Eine passende **Antwort** schreiben.

**1** **Was gehört zusammen? Male Text, Frage, Rechnung und Antwort in der gleichen Farbe an.**

Auf seiner Safari in Tansania entdeckt der kleine Roboter sieben Zebras und acht Giraffen.

Auf den Baumstämmen sitzen 10 Vögel.

$10 : 2 = 5$

Wie viele Vögel sitzen auf den Baumstämmen?

Der kleine Roboter entdeckt insgesamt 15 Tiere.

Der kleine Roboter sieht auf seiner Safari 10 Elefanten und halb so viele Löwen.

Wie viele Tiere entdeckt der kleine Roboter insgesamt?

Der kleine Roboter sieht 5 Löwen.

Im Wasser entdeckt der kleine Roboter zwei große Baumstämme. Auf jedem Baumstamm sitzen 5 Vögel.

Wie viele Löwen sieht der kleine Roboter?

$7 + 8 = 15$

$2 \cdot 5 = 10$

## 2 Löse die Sachaufgabe. Gehe Schritt für Schritt vor.

Der kleine Roboter macht heute eine große Safari in Tansania. Er entdeckt dabei viele Tiere. Gleich am Anfang sieht er eine große Herde Zebras mit zwölf Tieren. Als der Jeep ein bisschen weiter fährt, entdeckt er eine Giraffenmutter und ihr Baby. Auch eine Elefantenherde sieht er. Es sind doppelt so viele Elefanten wie Zebras.

**TIPP** Markiere alle wichtigen Informationen im Text.

Gegeben:

Frage:

..............................................................................................................

..............................................................................................................

Rechnung:

Antwort:

..............................................................................................................

..............................................................................................................

Hier kannst du deinen Erfolgssticker platzieren.

Strategie zum Lösen von Sachaufgaben

# Skizzen anfertigen

Manchmal kann es dir bei einer Aufgabe helfen, wenn du eine **Skizze** anfertigst. Du kannst dann an deiner Skizze die Lösung ablesen.

Eine Skizze ist eine **grobe Zeichnung** der Situation. Du solltest sie schnell anfertigen und unnötige Details weglassen.

**1 Fertige eine Skizze zu der Aufgabe an.**

Der kleine Roboter erinnert sich an die Tiere, die er auf seiner Safari gesehen hat. Und er fragt sich auf einmal: Wie viele Beine hatten eigentlich alle Tiere zusammen?
Er überlegt: Es waren zwei Giraffen, vier Löwen und sechs Störche.
Außerdem hat er auch zwei interessante schwarze Käfer gesehen.

Zusammen haben alle Tiere ................ Beine.

**TIPP** Male nur den Körper und die Beine.
Giraffe: 4 Beine; Löwe: 4 Beine; Storch: 2 Beine; Käfer: 6 Beine

**2** **Fertige eine Skizze zu der Aufgabe an.**

Der kleine Roboter hat bei seiner Safari auch eine Giraffe beim Fressen beobachtet. Dafür hat sie fünf Äste von einem Baum abgerissen. An jedem Ast wachsen 23 Blätter. Beim Abreißen sind jeweils fünf Blätter heruntergefallen. Wie viele Blätter hat die Giraffe insgesamt gefressen?

Die Giraffe hat insgesamt ................ Blätter gefressen.

**3** **Fertige eine Skizze zu der Aufgabe an.**

Der kleine Roboter fährt nun zum Flughafen, das Taxi wird in Euro bezahlt. Der kleine Roboter möchte dem Fahrer außerdem Trinkgeld geben. Er hat noch zehn Euro. Er gibt dem Fahrer 50-ct-Münzen und 2-€-Stücke. Insgesamt sind es fünf Münzen. Danach hat er noch 4,50 €. Wie viele 50-ct-Münzen und wie viele 2-€-Stücke gibt er dem Fahrer?

Er gibt dem Fahrer ................ 50-ct-Münzen und

................ 2-€-Stücke.

Hier kannst du deinen Erfolgssticker platzieren.

## Strategien zum Lösen von Sachaufgaben

# Streckenskizzen und Pfeildiagramme

Du kannst auch Strecken und Uhrzeiten mit einer Skizze darstellen.

Eine **Strecke** kannst du als Linie darstellen. Wenn du eine lange Strecke hast, die aus mehreren Teilen besteht, kannst du die Teile durch Striche abtrennen.

Beispiel:

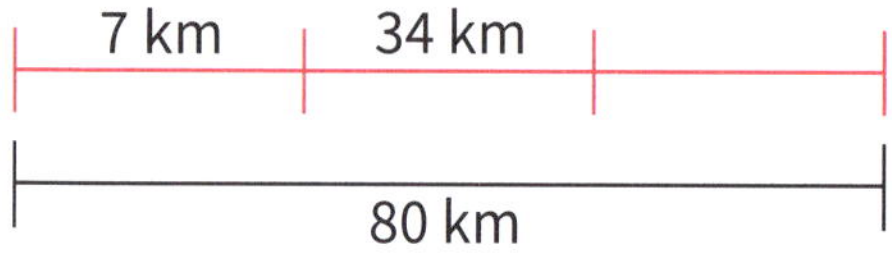


**Zeitspannen** lassen sich am besten durch **Pfeilbilder** darstellen. So kannst du die Start- und Endzeit eintragen und auch die dazwischen vergangene Zeit übersichtlich darstellen.

Beispiel:

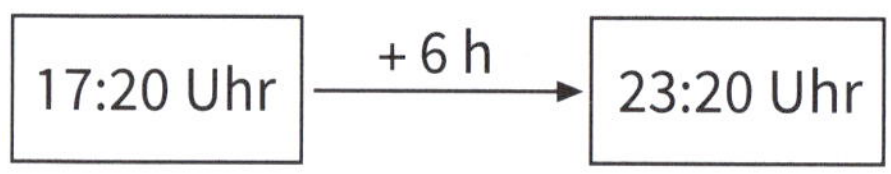


**1** **Vervollständige die Streckenskizze und beantworte die Frage.**

Der kleine Roboter macht sich auf die Reise nach Canberra. Unterwegs macht sein Flug ein paar Stopps. Der erste Stopp ist nach 4 Tausend Kilometern in Dubai. Danach fliegt er 12 Tausend Kilometer nach Brisbane in Australien. Von dort geht es dann nach Canberra. Insgesamt ist der kleine Roboter 17 Tausend Kilometer geflogen. Wie lang ist die Strecke von Brisbane nach Canberra?

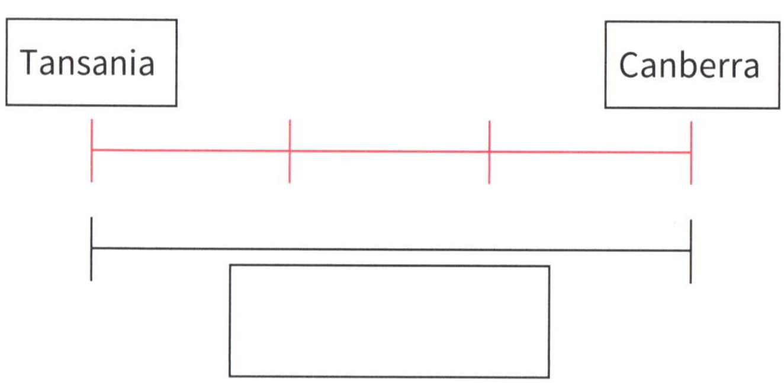


Die Strecke von Brisbane nach Canberra ist ............... km lang.

## 2 Vervollständige das Pfeilbild und beantworte die Frage.

Die Reise nach Canberra dauert sehr lange. Der kleine Roboter startet um 21:30 Uhr in Tansania. Sein erster Flug nach Dubai dauert 5 h 30 min, dann braucht er 3 Stunden zum Umsteigen. Nach 8 h 30 min geht es weiter. Der zweite Flug und das Umsteigen dauern insgesamt 16h 30 min. Als der kleine Roboter in Canberra ankommt, ist es in Tansania 23:30 Uhr. Wie lange hat der dritte Flug gedauert?

[21:30 Uhr] —(+8 h 30 min)→ [ ] —(+16 h 30 min)→ [ ] ——→ [23:30 Uhr]

Der dritte Flug hat ................................ gedauert

## 3 Löse die Aufgaben. Verwende dazu eine passende Darstellung.

a) Am 2. November ist der kleine Roboter zu seiner Reise aufgebrochen. Er war zwei Wochen in Amerika und 8 Tage in Afrika. Heute ist der 27 November. Wie viele Tage ist der kleine Roboter schon in Australien?

Der kleine Roboter ist schon ................ Tage in Australien.

b) Der kleine Roboter macht einen Spaziergang durch Canberra. Er läuft von seinem Hotel 200 Meter zum Molonglo Fluss und danach einen Kilometer zum Nationalen Steingarten. Insgesamt läuft er 1,7 km. Wie weit läuft er zu seinem letzten Ziel?

Zu seinem letzten Ziel läuft er ................ km.

Hier kannst du deinen Erfolgssticker platzieren.

# Informationen aus Tabellen entnehmen

Tabellen werden häufig verwendet, um Informationen übersichtlich darzustellen. Manchmal musst du für eine Aufgabe Informationen aus einer Tabelle entnehmen. Achte dabei auf die **Beschriftung** am Rand.

| Rand | Rand | Rand | Rand |
|---|---|---|---|
| Rand | Zeile | | |
| Rand | Spalte | | |
| Rand | | | |
| Rand | | | |

Wenn du eine bestimmte Information suchst, dann schau nach der passenden Beschriftung in der **Zeile** und der passenden Beschriftung in der **Spalte**. Wo sich diese Zeile und Spalte treffen, findest du die Information.

## 1 Finde die gesuchte Information und beantworte die Fragen.

| | Montag | Dienstag | Mittwoch | Donnerstag | Freitag |
|---|---|---|---|---|---|
| **Temperatur** | 23 °C | 26 °C | 23 °C | 25 °C | 28 °C |
| **Mittagessen** | Pizza | Suppe | Burger | Fish & Chips | Meeres-früchte |
| **Ausflug** | Strand | Stadtrundfahrt in Canberra | National-museum | Red Centre Garden | Namadgi Nationalpark |

a) Was isst der kleine Roboter am Mittwoch zu Mittag?

..............................................................................................

b) Welchen Ausflug macht der kleine Roboter am Montag?

..............................................................................................

c) Wie warm ist es am Donnerstag?

..............................................................................................

**2** **Am Strand möchte sich der kleine Roboter ein Eis kaufen. Er stellt sich in der Schlange an. Vor ihm in der Schlange steht eine Familie. Finde die gesuchten Informationen in der Tabelle.**

| | **Mama** | **Papa** | **Arian** | **Ella** | **Melody** |
|---|---|---|---|---|---|
| **Kugeln** | 3 | 2 | 2 | 2 | 1 |
| **Eissorte(n)** | Schokolade, Vanille, Erdbeere | Schokolade, Zitrone | Banane, Vanille | Zitrone | Erdbeere |

a) Wer isst am meisten Eis?

b) Welche Personen essen Erdbeereis?

c) Wer isst zwei Kugeln von derselben Sorte?

d) Wer bekommt am wenigsten Eis?

**3** **Finde die passende Frage zur Information.**

a) Adrian isst eine Kugel Banane und eine Kugel Vanille.

b) Papa, Adrian und Ella essen gleich viele Kugeln Eis.

Hier kannst du deinen Erfolgssticker platzieren.

# Tabellen ergänzen

Manchmal fehlen in einer Tabelle Informationen. Du musst sie dann ergänzen.

Oft kannst du dir die fehlenden Zahlen durch alle übrigen Informationen in der Tabelle **erschließen**.

Manchmal brauchst du aber noch weitere **Hinweise**. Diese gibt dir meistens die Aufgabenstellung.

**1** **Der kleine Roboter ist nach Japan weitergereist und heute in Tokio unterwegs. Dabei zählt er, wer ihm begegnet. Ergänze die Tabelle, indem du die fehlenden Zahlen berechnest.**

| | Männer | Frauen | Kinder | Haustiere |
|---|---|---|---|---|
| morgens | 87 | 15 | | 3 |
| mittags | 122 | | 99 | 25 |
| abends | 216 | 137 | 12 | 41 |
| **gesamt** | | **370** | **133** | |

**2 Der kleine Roboter wollte schon immer einmal surfen. Ein Mann hat ihm erzählt, dass das in Japan sehr gut gehen soll. Ergänze die Tabelle mithilfe der Informationen, die dir der Text gibt.**

| | **Surfbrett** | **Surfanzug** | **Surflehrer** |
|---|---|---|---|
| Preis für 1 h | 1400 Yen | | 2800 Yen |
| Preis für 3 h | 3500 Yen | 2100 Yen | |
| Preis für 1 Tag | | 3000 Yen | 14 000 Yen |

Ein Surflehrer kostet für drei Stunden doppelt so viel wie ein Surfbrett. Ein Surfanzug ist am Tag dreimal so teuer wie für eine Stunde. Das Surfbrett kostet am Tag 1400 Yen mehr als für 3 h.

a) Vervollständige die Tabelle.

b) Der kleine Roboter hat 13 500 Yen. Am liebsten würde er den ganzen Tag surfen. Weil er ein Anfänger ist, braucht er aber alles: ein Surfbrett, einen Surfanzug und auch einen Surflehrer. Kann er sich das leisten? Begründe.

**TIPP** Yen ist die japanische Währung. Ein Euro ist ungefähr so viel wie 140 Yen.

Antwort: ..............................................................................................

c) Überlege: Hast du eine Idee, wie der kleine Roboter möglichst lange für sein Geld surfen kann?

..............................................................................................

Hier kannst du deinen Erfolgssticker platzieren.

# Tabellen erstellen

Manchmal kann es sinnvoll sein, eine Tabelle zu erstellen, um eine Sachaufgabe zu lösen. Das ist zum Beispiel hilfreich, wenn du Sachverhalte miteinander **vergleichen** oder **Zuordnungen** erkennen möchtest.

Bevor du eine Tabelle erstellst, musst du die gegebenen Informationen **ordnen**. So kannst du erkennen, welche Randbeschriftung sinnvoll ist.

**1** **Heute macht der kleine Roboter einen Ausflug ins Disneyland in Tokio. Erstelle eine Tabelle mit den folgenden Informationen:**

Ticketpreise Disneyland

- Nebensaison: Tagesticket Erwachsene (18–65 Jahre): 8000 Yen
- Nebensaison: Tagesticket Kinder (4–11 Jahre): 4200 Yen
- Nebensaison: Tagesticket Kinder (12–17 Jahre): 5200 Yen
- Hauptsaison: Tagesticket Erwachsene (18–65 Jahre): 8200 Yen
- Hauptsaison: Tagesticket Kinder (4–11 Jahre): 4500 Yen
- Hauptsaison: Tagesticket Kinder (12–17 Jahre): 5500 Yen

| Besuchergruppe / Saison | | | |
|---|---|---|---|
| | | | |
| | | | |

## 2 Der kleine Roboter unterhält sich mit Mickey Maus über die Besuchszahlen der letzten Tage. Dabei erfährt er viele interessante Dinge. Lies den Text und übertrage die Informationen in die Tabelle.

Der Freizeitpark in Tokio ist sehr beliebt. Am Montag waren 33 Tausend Menschen zu Besuch im Disneyland Tokio. Davon waren 20 Tausend Kinder. Auch am Dienstag kamen viele Menschen. Es waren 1 Tausend Menschen mehr als am Montag. Die Anzahl der Kinder veränderte sich dafür nicht. Am Mittwoch und am Donnerstag kamen ungefähr gleich viele Besucher ins Disneyland. Es waren jedes Mal 36 Tausend. Von ihnen waren 18 Tausend Erwachsene. Die beliebtesten Tage der Woche sind Freitag, Samstag und Sonntag. Am Sonntag waren es 51 Tausend. Das sind 4 Tausend Besucher mehr als am Freitag. Sowohl am Freitag als auch am Sonntag kamen 34 Tausend Kinder ins Disneyland nach Tokio. Der beliebteste Tag war der Samstag. Am Samstag kamen 38 Tausend Kinder und genauso viele Erwachsene zu Besuch.

| Besuchergruppe / Tag | | | |
|---|---|---|---|
| | | | |
| | | | |
| | | | |
| | | | |
| | | | |
| | | | |
| | | | |

**TIPP** Sieh dir zuerst an, welche Beschriftungen deine Tabelle benötigt. Gehe dann Schritt für Schritt vor.

Hier kannst du deinen Erfolgssticker platzieren.

# Säulendiagramme

Wie dir der Name schon verrät, bestehen **Säulendiagramme** aus mehreren Säulen. Jeder Säule kannst du dabei eine Information entnehmen.

Zu einem Säulendiagramm gehören immer zwei **Achsen**. Das sind zwei Linien, die im rechten Winkel aufeinander stehen und beschriftet sind.

Säulendiagramme sind besonders anschaulich, weil du auf einen Blick siehst, welche Säule am größten und welche am kleinsten ist.

**1** **Kannst du die Informationen aus dem Diagramm entnehmen? Kreuze an.**

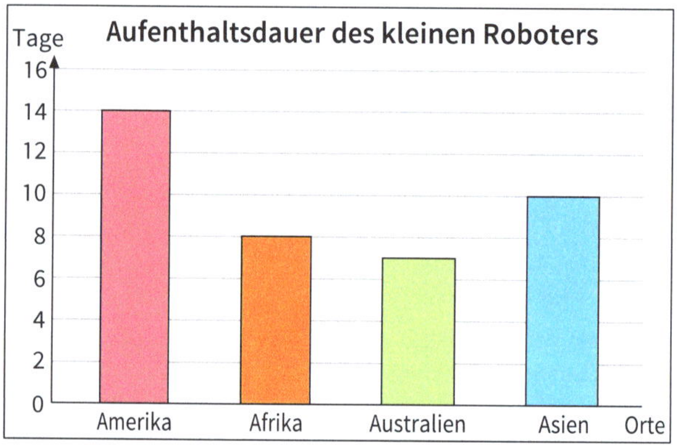


| | Ja | Nein |
|---|---|---|
| a) Auf welchem Kontinent war der Roboter bisher am längsten? | ☐ | ☐ |
| b) Wie lange war der kleine Roboter in Afrika? | ☐ | ☐ |
| c) Wie lange war der kleine Roboter in Brasilien? | ☐ | ☐ |
| d) Wo hat es dem Roboter am besten gefallen? | ☐ | ☐ |

## 2 Schau dir das Säulendiagramm an und beantworte die Fragen.

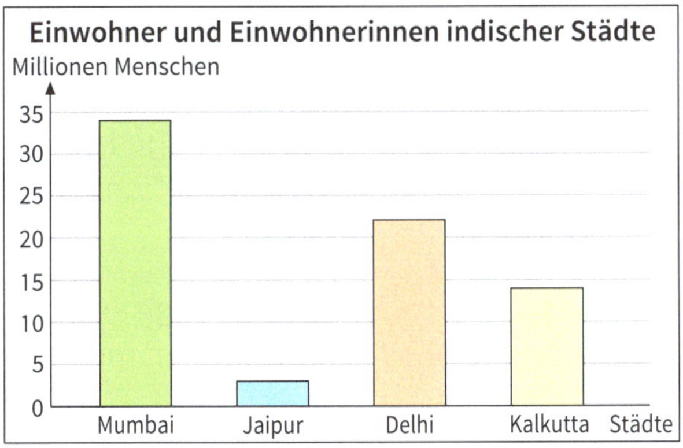


a) In welcher Stadt leben die meisten Menschen? ..................................

b) In welcher Stadt leben die wenigsten Menschen? .............................

c) Wie viele Menschen leben in Delhi? .......................................................

d) Wie viele Menschen leben in Delhi mehr als in Kalkutta? ................

## 3 Zeichne ein passendes Säulendiagramm.

Familie Patel

Familie Gupta

Familie Kumar

Familie Devi

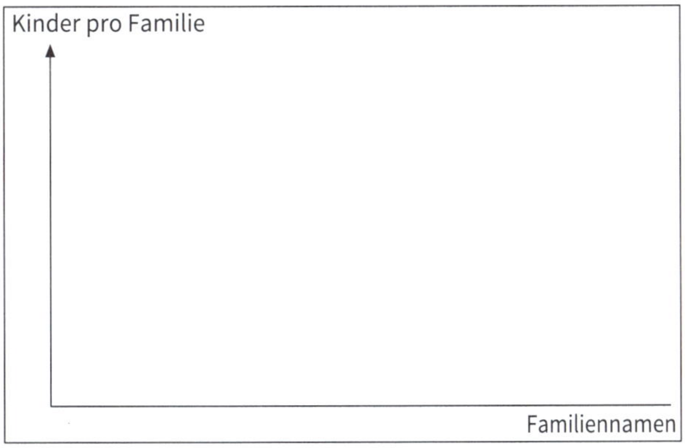


Hier kannst du deinen Erfolgssticker platzieren.

# Kreisdiagramme

**Kreisdiagramme** sind – wie ihr Name schon verrät – kreisrund. Du kannst zu einem Kreisdiagramm auch **Tortendiagramm** sagen. Denn für das Diagramm musst du einen Kreis in „Tortenstücke" unterteilen.

Ein Kreisdiagramm ist **nicht ganz so genau** wie ein Säulendiagramm. Je größer ein **Tortenstück** ist, desto mehr gibt es von der Sache, mit der es beschriftet ist.

**1** **Der kleine Roboter ist wieder in Europa und zwar in Polen. Heute überlegt er, wie viel Geld er schon für die Reise ausgegeben hat. Beantworte die Fragen mithilfe des Kreisdiagramms.**

**Reiseausgaben des kleinen Roboters**

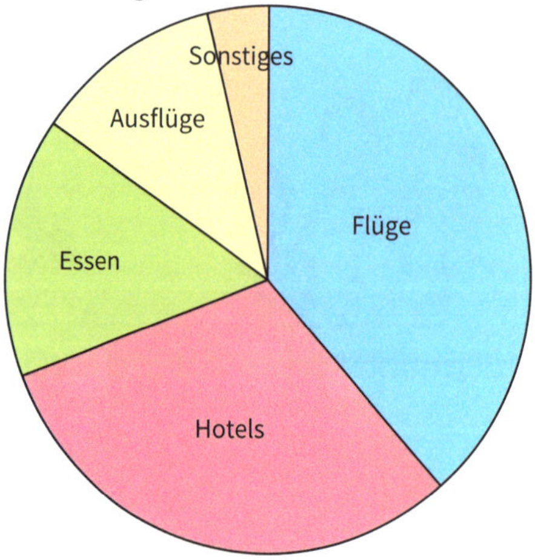


a) Wofür hat der kleine Roboter am meisten ausgegeben?

..........................................................

..........................................................

b) Wofür hat der kleine Roboter am wenigsten ausgegeben?

..........................................................

c) Hat der kleine Roboter mehr Geld für Essen oder mehr Geld für Ausflüge ausgegeben?

..........................................................

**2** **Der kleine Roboter startet eine Umfrage in einer polnischen Fußgängerzone. Er fragt 90 Personen. Wo wollen die Menschen am liebsten Urlaub machen? Beschrifte das Kreisdiagramm passend zu den Zahlen.**

| | |
|---|---|
| 20 | Australien |
| 40 | USA |
| 10 | Deutschland |
| 15 | Italien |
| 5 | Südafrika |

**Umfrage zu Lieblingsreisezielen**

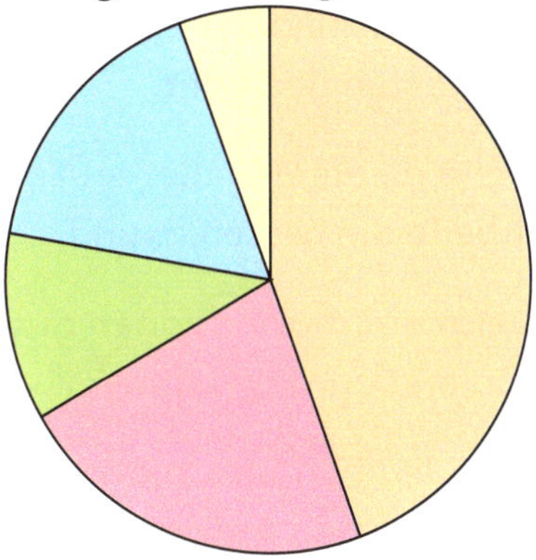

**3** **Welches Kreisdiagramm passt zur Tabelle? Verbinde.**

| Mitglieder im Sportverein | |
|---|---|
| 100 | Frauen |
| 140 | Männer |
| 50 | Mädchen |
| 60 | Jungen |

**Mitglieder im Sportverein**

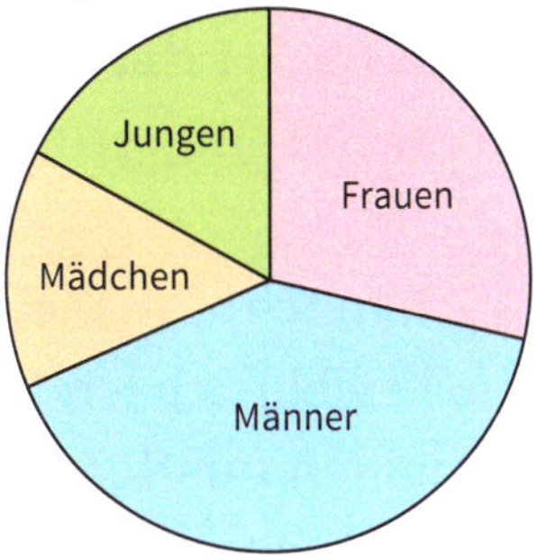


**Mitglieder im Sportverein**

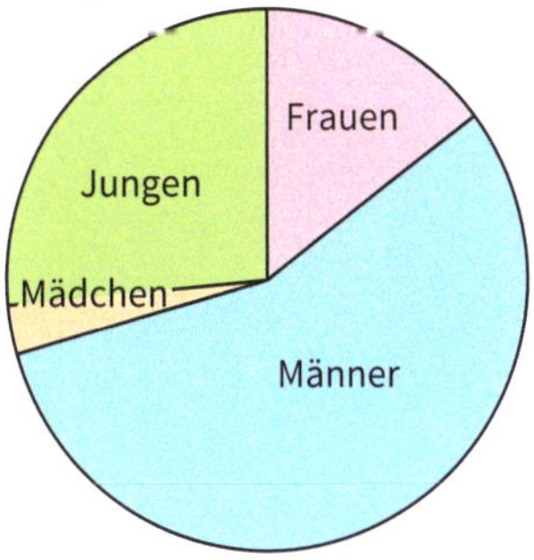


**Mitglieder im Sportverein**

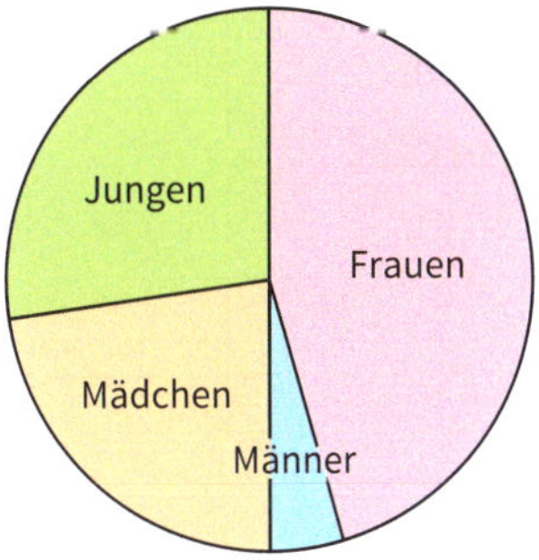


Hier kannst du deinen Erfolgssticker platzieren.

# Darstellungen sinnvoll nutzen

Jetzt kennst du drei verschiedene Arten, um Informationen darzustellen: **Tabellen**, **Säulendiagramme** und **Kreisdiagramme**.

In unterschiedlichen Situationen sind unterschiedliche Darstellungen am besten geeignet.

Wenn du die gegebenen Zahlen ganz **genau** darstellen willst, ist eine Tabelle die beste Lösung.

Wenn du Informationen gut miteinander vergleichen möchtest, ist ein Säulendiagramm sinnvoll.

Und wenn du Informationen nur **ungefähr** bildlich darstellen willst, kannst du ein Kreisdiagramm verwenden.

**1 Welche Art der Darstellung ist hier am sinnvollsten? Male an (rot: Tabelle, grün: Säulendiagramm, blau: Kreisdiagramm).**

Ich möchte wissen, wie viel Euro ich für meinen Ausflug bezahlen muss.

Haben Norwegen, Schweden und Finnland gleich viele Einwohner?

Wo gibt es die meisten Fjorde?

Um wie viel Uhr fliegt das Flugzeug in die Türkei?

**2** **Erstelle ein Säulendiagramm passend zur Tabelle.**

| | Norwegen | Finnland | Schweden | Dänemark |
|---|---|---|---|---|
| Einwohner (in Millionen) | 5,5 | 5,5 | 10 | 6 |

**TIPP** Achte darauf, dass du auch Zahlen nach dem Komma hast (0,5 = ein halb)

Hier kannst du deinen Erfolgssticker platzieren.

# Kombinatorik

Aufgaben zur **Kombinatorik** sind Aufgaben, bei denen du herausfindest, wie viele verschiedene Kombinationsmöglichkeiten es gibt.

Du kannst entweder alle Kombinationen aufschreiben oder durch eine **Skizze** herausfinden, wie viele Möglichkeiten es gibt

Beispiel: Der kleine Roboter ist inzwischen in der Türkei angekommen. In seinem Koffer hat er noch zwei saubere Hosen und vier T-Shirts. Wie viele Möglichkeiten hat er zu kombinieren?

Alle Möglichkeiten:

gestreift - rot    gestreift - blau
gelb - rot    gelb - blau
gepunktet - rot    gepunktet - blau
hellblau - rot    hellblau - blau

Antwort: Es gibt acht Möglichkeiten.

## 1 Wie viele Kombinationsmöglichkeiten gibt es?

**2** **Der kleine Roboter möchte sich ein Eis mit drei verschiedenen Kugeln kaufen.**

a) Wie viele Möglichkeiten gibt es?

b) Der kleine Roboter mag kein Schokoladeneis. Wie viele Möglichkeiten gibt es, wenn er davon keine Kugel nehmen möchte?

**3** **In Istanbul gibt es viel zu sehen. Der kleine Roboter möchte heute einen Ausflug machen. Allerdings schafft er nur drei Unternehmungen am Tag. Wie viele Möglichkeiten gibt es?**

Hier kannst du deinen Erfolgssticker platzieren.

# Wahrscheinlichkeit

Bei Aufgaben zur **Wahrscheinlichkeit** sollst du herausfinden, wie wahrscheinlich das Eintreffen einer bestimmten Situation ist.

Du kannst unterscheiden in „unmöglich“, „unwahrscheinlich“, „wahrscheinlich“ und „sicher“.

Beispiel:
In einer Kiste liegen zehn Bälle. Neun davon sind blau, einer davon ist rot. Wie wahrscheinlich ist es, dass du einen blauen Ball ziehst, wenn du mit geschlossenen Augen in die Kiste greifst?

Da von zehn Bällen neun Bälle blau sind, ist die Wahrscheinlichkeit hoch, dass ein zufällig gezogener Ball blau ist. Es ist „wahrscheinlich“.

**1** **Betrachte die Situationen und entscheide: wahrscheinlich oder unwahrscheinlich?**

Wie wahrscheinlich ist es, dass der kleine Roboter ein Croissant bekommt?

wahrscheinlich ☐ unwahrscheinlich ☐

Wie wahrscheinlich ist es, dass der kleine Roboter keinen Eintritt für den Eiffelturm zahlen muss?

wahrscheinlich ☐ unwahrscheinlich ☐

## 2 Ergänze das Bild so, dass die Situation wahrscheinlich wird.

Ich möchte in ein Boot mit Dach einsteigen.

Ich wünsche mir einen roten.

Ob wohl als nächstes ein gelber Fisch vorbeischwimmt?

**TIPP** Damit eine Situation „wahrscheinlich“ und nicht „sicher“ ist, muss es immer mehrere Auswahlmöglichkeiten geben.

## 3 Untersuche die Wahrscheinlichkeit in diesen Situationen. Du brauchst jetzt auch noch einen Würfel.

a) Wie wahrscheinlich ist es, dass du eine 6 würfelst? Begründe.

..............................................................................................................

b) Würfle 20 Mal. Wie oft hast du eine 6 gewürfelt?

..............................................................................................................

c) Stell dir vor, dass du noch einmal 20 Mal würfelst.
Wirst du genauso oft eine 6 würfeln?
Wie wahrscheinlich ist das? Begründe.

..............................................................................................

Hier kannst du deinen Erfolgssticker platzieren.

# Italien

Du hast nun viel über Sach- und Textaufgaben gelernt und darüber, mit welchen Methoden man sie lösen kann. Auf den folgenden Seiten findest du nun einige Aufgaben, bei denen du dein Wissen anwenden kannst.

Überlege gut, welche **Lösungsstrategie** dir helfen kann und löse auf **sinnvolle** Weise.

**1 Eine lange und aufregende Reise liegt hinter dem kleinen Roboter. Bald macht er sich wieder auf den Weg nach Hause. Bevor es für ihn zurück geht, macht er aber noch einen Stopp in Italien. Löse die Sachaufgabe.**

Der kleine Roboter hat riesigen Hunger. Er setzt sich in ein Restaurant und bestellt einen gemischten Salat für 4,50 €, eine große Pizza mit Oliven für 9,20 €, eine große Portion Pasta für 7,60 € und zum Nachtisch ein gemischtes Eis für 5,70 €.

Gegeben:

Frage: ..............................................................................................

Lösung:

Antwort: ..............................................................................................

**2** **Der kleine Roboter möchte unbedingt ein tolles Foto vom Schiefen Turm in Pisa machen. Damit er den Turm perfekt ins Bild bekommt, entfernt er sich ein wenig. Er geht immer fünfzehn Schritte, bleibt dann stehen und sieht sich um, ob die Entfernung ausreicht. Insgesamt bleibt der kleine Roboter sieben Mal stehen, bis er mit dem Abstand zufrieden ist.**

Gegeben:

Frage: ..............................................................................................

Lösung:

Antwort: ..............................................................................................

**3** **Dem kleinen Roboter gelingt es in Italien schnell, neue Freunde zu finden. Sie bringen ihm ein bisschen Italienisch bei. Schließlich lernt er auch das italienische Wort für „Reise". Findest du heraus, welches es ist?**

Wenn du von der Zahl 51 zwei abziehst und das Ergebnis durch sieben teilst, erhältst du die Anzahl der Buchstaben in dem Wort. Kreuze das richtige Wort an.

☐ figlia ☐ viaggio ☐ letto

Hier kannst du deinen Erfolgssticker platzieren.

# Bergtour

In vielen Sachaufgaben musst du unterschiedliche Rechenverfahren kombinieren, um die Aufgabe zu lösen.

**1 Zum Abschluss seiner Reise macht der kleine Roboter einen Ausflug in die italienischen Alpen. Löse die Sachaufgaben.**

a) Für seine Bergtour packt der kleine Roboter eine Flasche mit 500 ml Wasser ein. Der Bergführer sagt ihm, dass er lieber nochmal zwei Flaschen mehr einpacken soll.

Frage: ..................................................

Lösung:

Antwort: ..................................................

b) Als der kleine Roboter dem Wanderweg eine Weile gefolgt ist, entdeckt er eine schöne Blumenwiese. Er Pflückt einen Strauß mit acht Blumen. Jede Blume hat 9 Blütenblätter.

Frage: ..................................................

Lösung:

Antwort: ..................................................

c) So eine Bergtour ist anstrengend. Der kleine Roboter musste nun schon viermal eine Pause machen. Beim ersten Mal war er bereits 2 km gelaufen. Beim zweiten Mal waren es 1,5 km. Bevor er die dritte Pause gemacht hat, waren es weitere 3,5 km. Nun ist er insgesamt 9 km gelaufen.

Frage: ..................................................................................................

Lösung:

Antwort: ..............................................................................................

d) Endlich hat der kleine Roboter die Schutzhütte erreicht. Er schaut in den Schlafsaal. Es gibt 23 Betten. 14 davon sind schon belegt. In zwei Betten kann man nicht schlafen, weil Wasser von der Decke tropft.

Frage: ..................................................................................................

Lösung:

Antwort: ..............................................................................................

Hier kannst du deinen Erfolgssticker platzieren.

# Überraschungsparty

**1** **Als der kleine Roboter nach Hause kommt, wartet eine riesige Überraschung auf ihn. Alle seine Freunde haben gemeinsam eine Party für ihn organisiert.**

a) Der kleine Roboter teilt die Torte in gleich große Stücke für seine Freunde. Er schneidet die Torte dafür viermal gleichmäßig mit dem Messer durch. Wie viele Stücke hat er geschnitten?

b) Löse die Zahlenrätsel.

Es gibt halb so viele Stühle wie Gäste. Wie viele Gäste hat der kleine Roboter?

................

Wenn du zur Anzahl der Kerzen auf der Torte die Zahl 25 addierst, weißt du, wie alt die Mama des kleinen Roboters ist.

................

c) Eine Luftschlange ist 3,20 m lang. Insgesamt gibt es vier Luftschlagen.

Frage: ................................................................................................

Lösung:

Antwort: ..............................................................................................

d) Der beste Freund des kleinen Roboters Theo hat drei kleine Schwestern. Der Roboter schenkt ihnen zum Abschied jeweils einen Luftballon. Welche Möglichkeiten gibt es?

Hier kannst du deinen Erfolgssticker platzieren.

# Rechnen mit Größen

## Seite 6

1.

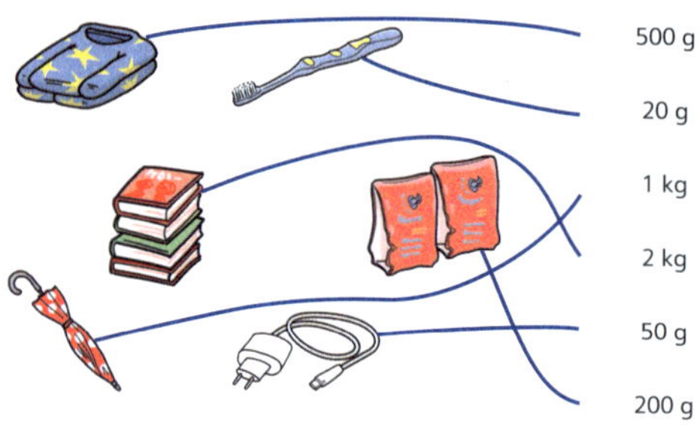


## Seite 7

2.

3.

| | | |
|---|---|---|
| | 12 000 | g |
| + | 600 | g |
| + | 4 000 | g |
| + | 300 | g |
| | 16 900 | g |

Das Gepäck wiegt insgesamt 16 900 g, das sind 16 kg und 900 g. Der kleine Roboter kann also alles mitnehmen.

## Seite 8

1.

| € ct | ct | € |
|---|---|---|
| 2 € 30 ct | 230 ct | 2,30 € |
| 4 € 50 ct | 450 ct | 4,50 € |
| 8 € 70 ct | 870 ct | 8 € 70 ct |
| 97 € 90 ct | 9790 ct | 90,97 € |
| 41 € 20 ct | 4120 ct | 41,20 € |

## Seite 9

2. 3,10 € < 3 € 20 ct < 360 ct < 4,00 € < 4 € 5 ct < 410 ct

3. Essen auf der Reise:

| | | |
|---|---|---|
| | 20,10 | € |
| + | 40,20 | € |
| + | 45,30 | € |
| | 105,60 | € |

Hotelkosten:

| | | |
|---|---|---|
| | 420,00 | € |
| + | 317,80 | € |
| + | 121,00 | € |
| | 858,80 | € |

Kosten fürs Fliegen:

| | | |
|---|---|---|
| | 560,60 | € |
| + | 105,10 | € |
| + | 43,00 | € |
| | 708,70 | € |

## Seite 10

1.

400 cm   4 cm

50 mm   30 cm

5 m   36 mm

300 m   2 dm   80 km

67 m   7 km

40 dm

### Seite 11

2. 300 cm < 40 m
   35 km > 35 m
   300 mm < 20 dm

3.

| | | |
|---|---|---|
| | 200,00 | m |
| + | 3,00 | m |
| + | 0,50 | m |
| | 203,50 | m |

| | | |
|---|---|---|
| | 45 | cm |
| + | 30 | cm |
| + | 60 | cm |
| | 135 | cm |

| | | |
|---|---|---|
| | 2000 | m |
| + | 300 | m |
| + | 7000 | m |
| | 9300 | m |

| | | |
|---|---|---|
| | 700 | m |
| + | 200 | m |
| + | 3000 | m |
| | 3900 | m |

### Seite 12

1. 3 l = 3000 ml; 0,35 l = 350 ml
   4,2 l = 4200 ml; 0,05 l = 50 ml
   3,5 l = 3500 ml; 3 l 60 ml = 3060 ml

2. 400 ml = 0,4 l; 3 l 60 ml = 3,06 l
   370 ml = 0,37 l; 5 l 900 ml = 5,9 l
   678 ml = 0,678 l; 340 ml = 0,34 l

### Seite 13

3.

4. 200 ml + 200 ml + 200 ml + 200 ml + 200 ml
   = 5 · 200 ml
   = 1000 ml
   = 1 l
   Der Flugbegleiter muss 5 Mal kommen.

### Seite 14

1.

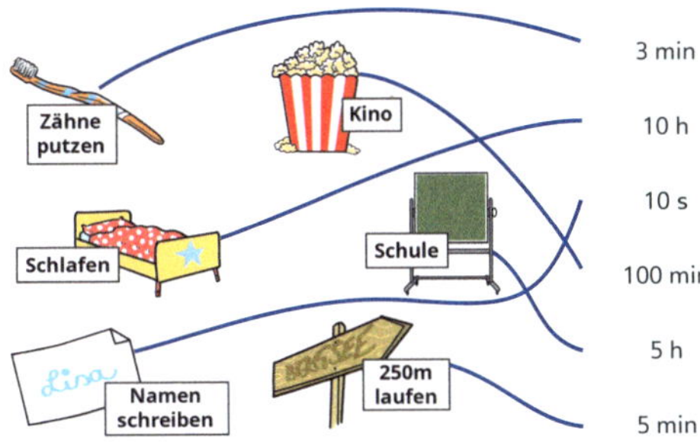


### Seite 15

2. 240 s = 4 min; 3 h = 180 min
   10 min = 600 s; 5 min = 300 s

3.

| | | |
|---|---|---|
| | 40 | min |
| + | 80 | min |
| + | 100 | min |
| + | 315 | min |
| | 535 | min |

Der kleine Roboter fliegt insgesamt 535 Minuten, das sind 8 Stunden und 55 Minuten, also fast 9 Stunden.

4. Der kleine Roboter hat drei Stunden lang keinen Hunger.

## Zahlenrätsel

### Seite 16

1.

addieren | subtrahieren | multiplizieren | dividieren

Meine Zahl ist um 8 größer als 32.

Wenn du von 45 6 abziehst, erhältst du meine Zahl.

Meine Zahl ist halb so groß wie 80.

Meine Zahl ist viermal so groß wie 20.

Teile 90 durch 3 und du erhältst meine Zahl.

Du erhältst meine Zahl, wenn du zu 380 genau 20 dazu nimmst.

### Seite 17

2. Koffer auf dem Fließband:
   128 – 56 = 72
   Passagiere im Flugzeug:
   71 + 15 = 86
   Schauspieler und Schauspielerinnen:
   2 · 8 = 16
   Filmstudios, die der Roboter besucht:
   21 : 7 = 3
   Filme, die der Roboter ansieht:
   4 + 11 = 15
   Partnerstädte von Los Angeles:
   97 – 72 = 25

### Seite 18

1. 36 + 20 = 56
   Umkehraufgabe: 56 – 20 = 36
   91 – 18 = 73
   Umkehraufgabe: 73 + 18 = 91
   14 : 2 = 7
   Umkehrhaufgabe: 7 · 2 = 14
   9 · 5 = 45
   Umkehraufgabe: 45 : 5 = 9

2. 20 + 36 = 56
   7 + 15 = 21
   51 – 6 = 45
   75 – 25 = 50
   4 · 6 = 24
   6 · 8 = 48
   21 : 3 = 7
   81 : 9 = 9

### Seite 19

3. Hochhäuser:
   Umkehraufgabe: 67 + 8 = 75
   Die Zahl heißt 75.
   Telefonvorwahl:
   Umkehraufgabe: 42 : 7 = 6
   Die Zahl heißt 6.
   Hochhausstockwerke:
   105 – 53 = 52
   Die Zahl heißt 52.
   Autos aus dem Hotelzimmer:
   8 · 5 = 40
   Die Zahl heißt 40.

## Sachaufgaben

### Seite 20

1. Der kleine Roboter macht heute einen Ausflug in den New Yorker Zoo. Er schaut sich die Tiere an. Er entdeckt 12 Seelöwen, vier Pandas, sechs Schneeleoparden und 28 Affen.
   Gegeben: 12 Seelöwen; 4 Pandas; 6 Schneeleoparden; 28 Affen

### Seite 21

2. Spaziergang durch den Central Park:
   Gegeben:
   11 Vögel
   7 Hunde
   3 Ratten

   Getränke des kleinen Roboters:
   Gegeben:
   200 ml Orangensaft
   400 ml Schorle
   1 l Wasser

   Spielplatz:
   Gegeben:
   3 Kinder (Rutsche)
   10 Kinder (Fußballtor)

3. Übrig ist das Kästchen
   Gegeben:
   7 Schmetterlinge
   3 Raupen
   12 Käfer.
   Möglicher Text: Der kleine Roboter geht auf eine Entdeckertour im Wald. Er zählt die Tiere in und unter einem Busch und findet dort sieben Schmetterlinge, drei Raupen und zwölf Käfer.

### Seite 22

1. Wie viele Sicherheitsleute sieht der kleine Roboter? Kann man beantworten.
   Wie geht das Spiel aus? Kann man nicht beantworten.
   Wie viele Zuschauer sehen das Spiel? Kann man nicht beantworten.
   Wie viele Trainer gibt es insgesamt? Kann man beantworten.

## Seite 23

2.

Im kanadischen Nationalpark entdeckt der kleine Roboter 22 Bisons, drei Elche und sogar einen Wolf.

Wie viele Tiere sieht der kleine Roboter im kanadischen Nationalpark?

Auch in ein Museum möchte der kleine Roboter gehen. Er bestaunt dort 34 Bilder und 17 Skulpturen.

Wie viele Kunstwerke sieht sich der kleine Roboter im Museum an?

Für sein Hotel zahlt der kleine Roboter 124 kanadische Dollar. Das Essen in Kanada hat insgesamt 58 Dollar gekostet.

Wie viel Geld zahlt der kleine Roboter für sein Hotel und Essen?

3. a) Wie viel Geld gibt der kleine Roboter für Postkarten aus?
   b) Wie viel Uhr ist es jetzt in Brasilien?

## Seite 24

1. Zum oberen Bild passt die Rechnung
   2 Real · 5 = 10 Real
   Der kleine Roboter gibt fünfmal 2 Real für die 5 Käsebällchen aus, also insgesamt 10 Real.

   Zum unteren Bild passt die Rechnung:
   34 Real – 28 Real = 6 Real.
   Das rechts ausgestellte Kostüm kostet 6 Real weniger als das linke.

## Seite 25

2. a) 8 + 3,5 = 11,5
   Der Roboter muss 3 und eine halbe Stunde warten.
   b) 15 + 7 + 2 + 1 = 25
   Der kleine Roboter sieht 25 Tiere.

3. Zur Rechnung passt die Frage
   Wie viele Meter ist er gelaufen?

4. Beispiellösung:
   An einem Sportfest nehmen 56 Kinder teil, sie werden von 23 Leuten betreut und 11 Personen kümmern sich um die Organisation. Wie viele Personen sind das zusammen?

## Seite 26

1.

Wie viel kostet das Mittagessen?

Das Mittagessen kostet 35 € Real

Vor dem kleinen Roboter stehen 15 Personen in der Schlange.

Wie viele Personen stehen vor dem kleinen Roboter in der Schlange am Flughafen?

Der Koffer wiegt 25 kg.

Wie lange dauert der Flug nach Tansania?

Der Flug nach Tansania dauert 21 h.

Wie viele verschiedene Kuchensorten gibt es in der Cafeteria?

In der Cafeteria gibt es acht verschiedene Kuchensorten.

Übrig bleibt die Antwort „Der Koffer wiegt 25 kg." Hierzu passt die beispielsweise die Frage „Wie schwer ist der Koffer?"

## Seite 27

2. Zu „Wie viele Meter ist das Hotel vom Strand entfernt?" passt am besten die Antwort „Das Hotel ist 30 Meter vom Strand entfernt."

   Zu „Wie lange ist der kleine Roboter beim Haitauchen unter Wasser?" passt am besten die Antwort „Der kleine Roboter ist beim Haitauchen 7 Minuten unter Wasser."

3. a) Am Hafen gehen 26 Menschen spazieren.
   b) Der kleine Roboter bleibt 5 Tage in Tansania.
   c) Im Hotel fällt 5 Mal der Strom aus.

## Seite 28

1.

Auf seiner Safari in Tansania entdeckt der kleine Roboter sieben Zebras und acht Giraffen.

Wie viele Tiere entdeckt der kleine Roboter insgesamt?

7 + 8 = 15

Der kleine Roboter entdeckt insgesamt 15 Tiere.

Im Wasser entdeckt der kleine Roboter zwei große Baumstämme. Auf jedem Baumstamm sitzen 5 Vögel.

Wie viele Vögel sitzen auf den Baumstämmen?

2 · 5 = 10

Auf den Baumstämmen sitzen 10 Vögel.

Der kleine Roboter sieht auf seiner Safari 10 Elefanten und halb so viele Löwen.

Wie viele Löwen sieht der kleine Roboter?

10 : 2 = 5

Der kleine Roboter sieht 5 Löwen.

**Seite 29**

2. Gegeben:
12 Zebras
Eine Giraffenmutter und ihr Baby
Doppelt so viele Elefanten wie Zebras
Frage: Wie viele Tiere sieht der kleine Roboter auf seiner Safari?
Rechnung:
$12 + 1 + 1 + 2 \cdot 12 = 12 + 2 + 24 = 38$
Antwort:
Der kleine Roboter sieht auf seiner Safari insgesamt 38 Tiere.

## Strategien zum Lösen von Sachaufgaben

**Seite 30**

1.

$2 \cdot 4 + 4 \cdot 4 + 6 \cdot 2 + 2 \cdot 6$
$= 8 + 16 + 12 + 12 = 48$
Insgesamt haben alle Tiere 48 Beine.

**Seite 31**

2.

Blätter pro Ast: $23 - 5 = 18$
$5 \cdot 18 = 90$
Die Giraffe hat insgesamt 90 Blätter gefressen.

3.

Er gibt dem Fahrer 3 50-ct-Münzen und 2 2-€-Strücke.

**Seite 32**

1.

Tansania — Dubai — Brisbane — Canberra
4 T | 12 T | 12 T
17 T

Die Strecke von Brisbane nach Canberra ist 17 Tausend km lang.

**Seite 33**

2.

21:30 Uhr →(+8 h 30 min) 6:00 Uhr →(+16 h 30 min) 22:30 Uhr →(+1 h) 23:30 Uhr

Der dritte Flug hat eine Stunde gedauert.

3. a)

2.11. — 16.11. — 24.11. — 27.11.
14 Tage | 8 Tage | 3 Tage
Amerika | Afrika | Australien

Der kleine Roboter ist schon 3 Tage in Australien.

b)

Hotel — Fluss — Steingarten — letztes Ziel
200 m | 1 km | 500 m
1,7 km

Zu seinem letzten Ziel läuft er 0,5 km.

# Tabellen

### Seite 34

1. a) Am Mittwoch isst der kleine Roboter Burger zu Mittag.
   b) Am Montag macht der kleine Roboter einen Ausflug an den Strand.
   c) Am Donnerstag ist es 25 °C warm.

### Seite 35

2. a) Mama isst am meisten Eis.
   b) Mama und Melody essen Erdbeereis.
   c) Ella isst zwei Kugeln Zitroneneis, also von derselben Sorte.
   d) Melody bekommt nur eine Kugel Eis.

3. a) Welche Eissorten isst Adrian?
   b) Welche Personen essen gleich viele Kugeln Eis?

### Seite 36

1.

| | Männer | Frauen | Kinder | Haustiere |
|---|---|---|---|---|
| morgens | 87 | 15 | 22 | 3 |
| mittags | 122 | 218 | 99 | 25 |
| abends | 216 | 137 | 12 | 41 |
| **gesamt** | **425** | **370** | **133** | **69** |

Rechnungen: 87 + 122 + 216 = 425
370 – 137 – 15 = 218
133 – 12 – 99 = 22
3 + 25 + 41 = 69

### Seite 37

2. a)

| | Surfbrett | Surfanzug | Surflehrer |
|---|---|---|---|
| Preis für 1 h | 1400 Yen | 1000 Yen | 2800 Yen |
| Preis für 3 h | 3500 Yen | 2100 Yen | 7000 Yen |
| Preis für 1 Tag | 4900 Yen | 3000 Yen | 14 000 Yen |

Rechnungen:
Surflehrer für drei Stunden: 2 · 3500 = 7000
Surfanzug pro Stunde: 3000 : 3 = 1000
Surfbrett pro Tag: 3500 + 1400 = 4900

b) Kosten für Surfbrett, Surfanzug und Surflehrer für einen Tag:
4900 + 3000 + 14 000 = 21 900.
Der kleine Roboter braucht für einen Tag Surfen 21 900 Yen. Das kann er sich also nicht leisten.

c) Kosten für drei Stunden Surfen:
3500 + 2100 + 7000 = 12 600
Der kleine Roboter kann sich für seine 13 500 Yen drei Stunden Surfen leisten.

### Seite 38

1.

| | Erwachsene | Kinder (4–11 Jahre) | Kinder (12–17 Jahre) |
|---|---|---|---|
| Hauptsaison | 8200 Yen | 4500 Yen | 5500 Yen |
| Nebensaison | 8000 Yen | 4200 Yen | 5200 Yen |

### Seite 39

2.

| | Erwachsene (in Tausend) | Kinder (in Tausend) | Gesamt (in Tausend) |
|---|---|---|---|
| Montag | 13 | 20 | 33 |
| Dienstag | 14 | 20 | 34 |
| Mittwoch | 18 | 18 | 36 |
| Donnerstag | 18 | 18 | 36 |
| Freitag | 13 | 34 | 47 |
| Samstag | 38 | 38 | 76 |
| Sonntag | 17 | 34 | 51 |

# Diagramme

### Seite 40

1.

| | Ja | Nein |
|---|---|---|
| a) Auf welchem Kontinent war der Roboter bisher am längsten? | ☒ | ☐ |
| b) Wie lange war der kleine Roboter in Afrika? | ☒ | ☐ |
| c) Wie lange war der kleine Roboter in Brasilien? | ☐ | ☒ |
| d) Wo hat es dem Roboter am besten gefallen? | ☐ | ☒ |

### Seite 41

2. a) Mumbai
   b) Jaipur
   c) etwa 22 Millionen
   d) etwa 8 Millionen

3.

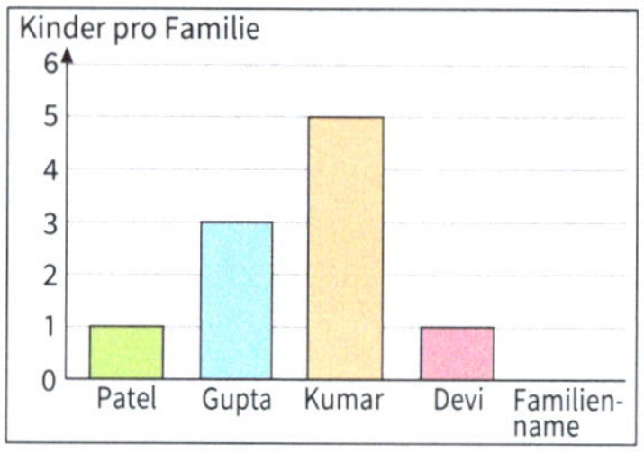


## Seite 42

1. a) Am meisten hat der kleine Roboter für die Flüge ausgegeben.
   b) Am wenigsten hat der kleine Roboter für Sonstiges ausgegeben.
   c) Der kleine Roboter hat mehr Geld für Essen als für Ausflüge ausgegeben.

## Seite 43

2.

**Umfrage zu Lieblingsreisezielen**

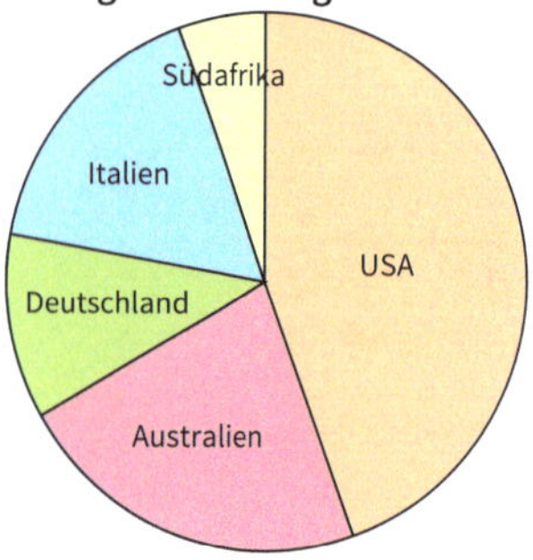


3.
Zu Tabelle passt das Diagramm oben rechts:

**Mitglieder im Sportverein**

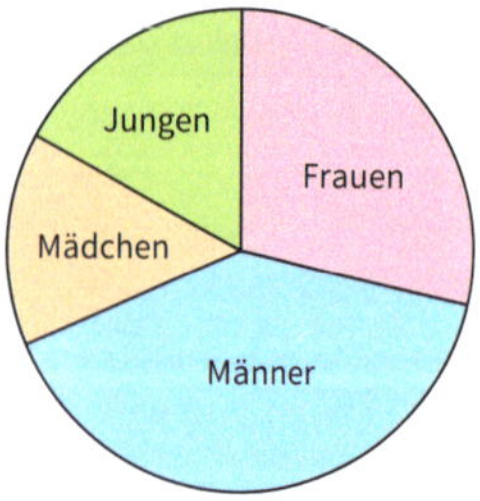


## Seite 44

1.

Ich möchte wissen, wie viel Euro ich für meinen Ausflug bezahlen muss.

Haben Norwegen, Schweden und Finnland gleich viele Einwohner?

Wo gibt es die meisten Fjorde?

Um wie viel Uhr fliegt das Flugzeug in die Türkei?

## Seite 45

2.

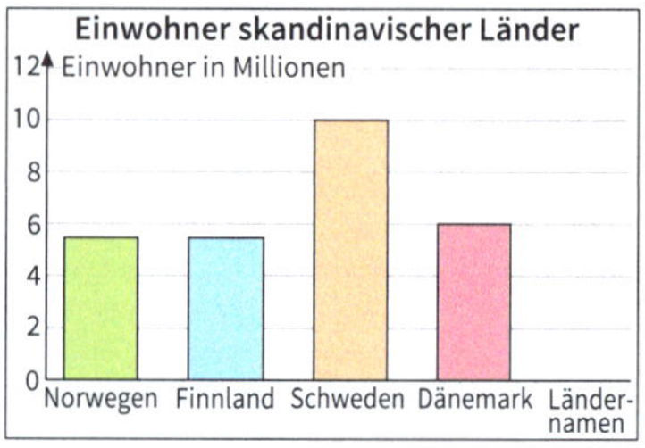


# Kombinatorik und Wahrscheinlichkeit

## Seite 46

1. Das erste Kind kann mit jedem der vier anderen spielen (vier Möglichkeiten). Für das zweite Kind gibt es dann noch drei weitere Möglichkeiten, seine Partie mit dem ersten ist ja schon gezählt (drei weitere Möglichkeiten). Genauso ergeben sich dann für das dritte Kind zwei weitere Möglichkeiten und für das vierte eine. Die Spielmöglichkeiten des fünften Kindes sind dann schon alle gezählt worden.
   Insgesamt gibt es also 4 + 3 + 2 + 1 = 10 Kombinationsmöglichkeiten.

**Seite 47**

2. a) Vanille-Erdbeer-Zitrone
Vanille-Erdbeer-Schokolade
Vanille-Erdbeer-Pistazie
Vanille-Zitrone-Schokolade
Vanille-Zitrone-Pistazie
Vanille-Schokolade-Pistazie
Erdbeer-Zitrone-Schokolade
Erdbeer-Zitrone-Pistazie
Erdbeer-Schokolade-Pistazie
Zitrone-Schokolade-Pistazie
Also gibt es 10 verschiedene Möglichkeiten.
b) Vanille-Erdbeer-Zitrone
Vanille-Erdbeer-Pistazie
Vanille-Zitrone-Pistazie
Erdbeer-Zitrone-Pistazie
Ohne Schokolade gibt es noch 4 verschiedene Möglichkeiten.

3. Prinzeninsel-Basar-Moschee
Prinzeninsel-Basar-Bootsfahrt
Prinzeninsel-Basar-Stadtrundfahrt
Prinzeninsel-Basar-Museum
Prinzeninsel-Moschee-Bootsfahrt
Prinzeninsel-Moschee-Stadtrundfahrt
Prinzeninsel-Moschee-Museum
Prinzeninsel-Bootsfahrt-Stadtrundfahrt
Prinzeninsel-Bootsfahrt-Museum
Prinzeninsel-Stadtrundfahrt-Museum
Basar-Moschee-Bootsfahrt
Basar-Moschee-Stadtrundfahrt
Basar-Moschee-Museum
Basar-Bootsfahrt-Stadtrundfahrt
Basar-Bootsfahrt-Museum
Basar-Stadtrundfahrt-Museum
Moschee-Bootsfahrt-Stadtrundfahrt
Moschee-Bootsfahrt-Museum
Moschee-Stadtrundfahrt-Museum
Bootsfahrt-Stadtrundfahrt-Museum
Insgesamt sind es 20 Möglichkeiten.

**Seite 48**

1. Dass der kleine Roboter ein Croissant bekommt, ist wahrscheinlich.
Dass der kleine Roboter keinen Eintritt für den Eiffelturm zahlen muss, ist unwahrscheinlich.

**Seite 49**

2. Damit der kleine Roboter wahrscheinlich einen roten Luftballon bekommen, muss die Mehrzahl der Ballons rot sein. Male also fünf oder vier der Ballons rot an, die anderen in einer anderen Farbe.
Dass der kleine Roboter in ein Boot mit Dach einsteigt, ist dann wahrscheinlich, wenn vier oder fünf der Boote ein Dach haben. Da es jetzt nur eines ist, musst du bei drei bis vier weiteren ein Dach ergänzen.
Damit wahrscheinlich als nächstes ein gelber Fisch vorbeischwimmt, male fünf bis sechs der sieben Fische gelb an, die anderen in einer anderen Farbe,

3. In dieser Aufgabe soll ausprobiert werden, die Lösung ist also jedes Mal ein wenig anders.
a) Im Durchschnitt würfelt man in einem von sechs Fällen eine 6. Da ein Würfel sechs Seiten hat, gibt es sechs Möglichkeiten, die alle gleich wahrscheinlich sind. Das bedeutet aber nicht, dass bei sechs Würfen immer eine 6 dabei sein muss. Es können auch sehr viel mehr Würfe durchgeführt werden, ohne dass eine 6 fällt.
b) individuelle Lösung
c) Dass bei den zweiten 20 Würfen genauso oft eine 6 fällt wie bei den ersten, ist zwar möglich, aber nicht allzu wahrscheinlich.

## Gemischte Sachsituationen

**Seite 50**

1. Gegeben: Salat: 4,50 €; Pizza: 9,20 €; Pasta: 7,60 €; Eis: 5,70 €
Frage: Wie viel muss der kleine Roboter für sein Essen bezahlen?

Rechnung:

```
   4,50 €
+  9,20 €
+  7,60 €
+  5,70 €
---------
  27,00 €
```

Antwort: Der kleine Roboter muss 27 € für sein Essen bezahlen.

**Seite 51**

2. Gegeben: 15 Schritte, sieben Mal
Frage: Wie viele Schritte geht der kleine Roboter insgesamt?
Rechnung: $7 \cdot 15 = 105$
Antwort: Der kleine Roboter geht insgesamt 105 Schritte vom Turm weg.

3. Zahlenrätsel: $51 - 2 = 49$; $49 : 7 = 7$
Das Wort hat also sieben Buchstaben: viaggio.

## Seite 52

1. a) Frage: Wie viel Wasser hat der kleine Roboter insgesamt eingepackt?
Lösung: 500 ml + 2 · 500 ml = 1500 ml
= 1 l 500 ml = 1,5 l
Antwort: Der kleine Roboter hat jetzt insgesamt 1,5 Liter Wasser eingepackt.
b) Frage: Wie viele Blütenblätter haben die Blumen insgesamt?
Lösung: 8 · 9 = 72
Antwort: Die Blüten haben insgesamt 72 Blütenblätter.

## Seite 53

1. c) Gegeben: bisher gelaufen: 2 km, 1,5 km, 3,5 km, insgesamt gelaufen: 9 km
Frage: Welche Strecke ist der Roboter zwischen der dritten und vierten Pause gelaufen?
Lösung:
9 km – 2 km – 1,5 km – 3,5 km = 2 km
Antwort: Zwischen der dritten und vierten Pause ist der kleine Roboter 2 km gelaufen.
d) Gegeben: 23 Betten, 14 belegt, 2 nass
Frage: Wie viele Betten hat der kleine Roboter zur Auswahl?
Lösung: 23 – 14 – 2 = 7
Antwort: Der kleine Roboter hat 7 Betten zur Auswahl.

## Seite 52

1. a)

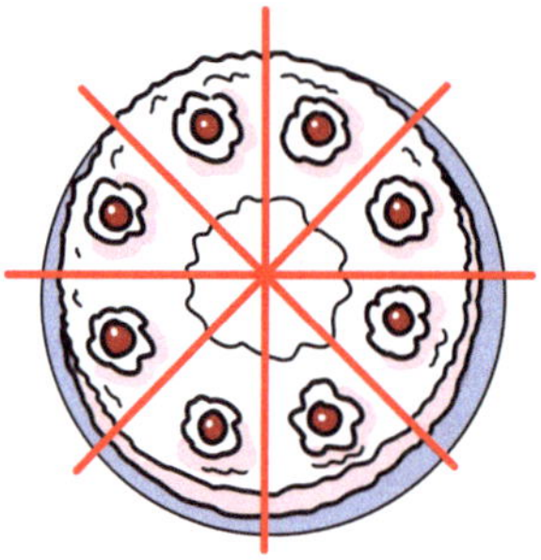

Mit vier Schnitten teilt man die Torte in acht Stücke.

## Seite 53

1. b) Gegeben: 10 Stühle
Rechnung: 10 · 2 = 20
Antwort: Der kleine Roboter hat 20 Gäste.
Gegeben: 9 Kerzen
Rechnung: 9 + 25 = 34
Antwort: Die Mama des kleinen Roboters ist 34 Jahre alt.
c) Frage: Wie lang sind die Luftschlangen insgesamt?
Rechnung: 4 · 3,20 m = 12,80 m
Antwort: Die Luftschlangen sind zumsammen 12,80 m lang.
d)

Bildquellennachweis: |Feldhaus, Hans-Jürgen, Münster: Titel, 2.1, 2.2, 2.3, 2.4, 2.5, 2.6, 2.7, 2.8, 2.9, 2.10, 2.11, 3.1, 3.2, 3.3, 3.4, 3.5, 3.6, 3.7, 3.8, 3.9, 3.10, 3.11, 3.12, 3.13, 3.14, 6.1, 6.2, 7.7, 8.1, 9.1, 10.1, 11.1, 12.1, 13.7, 14.1, 15.1, 16.1, 18.1, 18.2, 20.1, 22.1, 24.1, 24.3, 24.5, 24.6, 26.1, 28.1, 29.1, 30.1, 30.2, 32.1, 34.1, 36.1, 37.1, 38.1, 39.1, 40.1, 42.1, 44.1, 45.1, 46.1, 48.1, 48.2, 49.3, 49.5, 50.1, 52.1. |Getty Images (RF), München: Imgorthand Titel. |Langner & Partner Werbeagentur GmbH, Hemmingen: 32.2, 32.3, 32.4, 33.1, 34.2, 40.2, 41.1, 41.6, 42.2, 43.1, 43.2, 43.3, 43.4, 47.2, 60.1, 60.2, 60.3, 60.4, 60.5, 60.6, 60.7, 62.1, 62.2, 62.3, 62.4. |Schwarz, Thies, Hannover: 6.3, 7.1, 7.2, 7.3, 7.4, 7.5, 7.6, 13.1, 13.2, 13.3, 13.4, 13.5, 13.6, 14.2, 24.2, 24.4, 41.2, 41.3, 41.4, 41.5, 46.2, 46.3, 47.1, 48.3, 48.4, 49.1, 49.2, 49.4, 54.1, 55.1, 56.1, 56.2, 56.3, 56.4, 56.5, 56.6, 56.7, 57.1, 57.2, 57.3, 57.4, 57.5, 57.6, 57.7, 64.1, 64.2.